MOGNÉVILLE

Commune du canton de Revigny

ARRONDISSEMENT DE BAR-LE-DUC, DÉPARTEMENT DE LA MEUSE

NOTICE

Par M. BONNABELLE

BAR-LE-DUC

IMPRIMERIE CONTANT-LAGUERRE

1883

Commune du canton de Revigny

ARRONDISSEMENT DE BAR-LE-DUC, DÉPARTEMENT — MEUSE

NOTICE

Par M. JOUNAÎTRAM

BAR-LE-DUC
IMPRIMERIE CONTANT-LAGUERRE
1883

NOTICE

SUR

MOGNÉVILLE

IMPRIMERIE
CONTANT-LAGUERRE
BAR-LE-DUC

MOGNÉVILLE

Commune du canton de Revigny

ARRONDISSEMENT DE BAR-LE-DUC, DÉPARTEMENT DE LA MEUSE

NOTICE

Par M. BONNABELLE

BAR-LE-DUC

IMPRIMERIE CONTANT-LAGUERRE

1883

A M. CONTANT-LAGUERRE

HOMMAGE RESPECTUEUX

MOGNÉVILLE

I.

Aperçu historique.

MOGNÉVILLE (1) est un village de l'arrondissement de Bar-le-Duc, dépendant du canton et du bureau de poste de Revigny et de la perception de Vassincourt. Bâti dans la vallée et sur les rives de la Saulx (2), à 15 kilomètres de Bar, 5 de Revigny et 50 de Saint-Mihiel, il a pour limites : Contrisson et Vassincourt au nord, Cheminon (Marne) et Beurey au sud, Couvonges à l'est, Sermaize (Marne) et Andernay à l'ouest. Sa

---

(1) On le trouve indiqué comme suit à différentes époques : *Magnavilla*, en 884, diplôme de Charles le Gros ; 922, confirmé par Charles le Simple; — *Moigneivile*, 1141, cartulaire de Jeand'heurs; — *Mongneville*, 1270, arch. de la Meuse, B. 204; 1579, procès-verbal des coutumes ; — *Magnevilla, Mognevilla, Moingnevilla*, 1402, Regestr. Tullensis; — *Mongnéville*, proc.-verb. des cout.; 1778, Durival ; — *Moignéville*, 1700, carte des Etats ; — *Magniavilla*, 1707, carte du Toulois; — *Magniaca-villa*, 1711 et 1749, pouillés ; — V. *Dictionn. topograph. de la Meuse*, par M. Liénard, p. 151.

(2) Les deux rives sont mises en communication par un pont. Ce pont, dit de *la Vissaude*, a dû être construit peu avant la Révolution de 1789. La partie droite de la rivière se nomme *Outre-Saulx*. — Le 7 juin 1786, Charles-Gabriel de Choisy, seigneur de Mognéville, obtint un arrêt recevant son oppposition à l'arrêt du 29 novembre 1784, par lequel il était dit que la rivière appartenait au domaine de Sa Majesté, tandis qu'elle ne lui appartenait que pour partie. (Archives de la Meuse, série B. 330, f° 14 v°, et série B. 427, f° 1.)

population est de 677 habitants (1) pour une agglomération de 209 maisons (2). Il y a une maison d'école pour les garçons, une pour les filles et une école maternelle. Le chemin vicinal de grande communication n° 20, de Dammarie à Verdun (3ᵉ section), traverse le village du nord au sud.

Le territoire de Mognéville est arrosé par plusieurs cours d'eau (3) : 1° *la Beuse*, ruisseau qui prend sa source sur le territoire de Mussey, coule de l'est à l'ouest, traverse les prairies de Cachenot et du Pré-Marchand et se jette dans la Saulx entre Mognéville et Contrisson, après un cours de 7 kilomètres ; — 2° *la Deue* ou *Dœil*, petit cours d'eau qui prend naissance sur le territoire de Mognéville, dans la contrée de la Grande-Craute, coule du sud au nord et va se jeter dans la Saulx à l'extrémité du finage, en la contrée de Govine ; — 3° *la Laume*, qui prend sa source dans la forêt, coule de l'est à l'ouest et va se jeter dans la Saulx près de la forge de Sermaize ; — 4° la *fontaine Jean-de-Basse*, qui a sa source au sud-ouest, dans la contrée de Rapailles, coule de l'est à l'ouest et se jette dans le ruisseau de Laume.

L'origine de Mognéville se perd dans la nuit des temps. On conjecture qu'il existait déjà sous l'occupation romaine, parce que, dans la contrée des Chènevières, à gauche en sortant de Mognéville, par la rue d'Outre-Saulx, pour aller à Contrisson, on remarque sur le sol des vestiges d'habitations antiques, tels que fragments de grandes tuiles plates à rebords et de tessons de poterie. En 1841, on a trouvé sur cet

---

(1) Dénombrement de 1881. — En 1804, il y avait 843 habitants, dont 428 du sexe masculin et 415 du sexe féminin ; — en 1830, on en comptait 893 ; — en 1844, il n'y en avait plus que 871 ; — en 1872 : 784 ; — en 1876 : 653. On voit que cette commune, comme une grande partie de celle de la Meuse, est en décadence sous le rapport de la population.

(2) Le *Compte détaillé des recettes et des dépenses de la Caisse départementale des incendiés du département de la Meuse* ne donne que le chiffre de 209 maisons, tandis que la *Statistique des communes du canton de Revigny* publiée par l'Annuaire de la Meuse de 1848 porte ce nombre à 212. Depuis cette époque, cependant, de nouvelles constructions ont dû y être élevées.

(3) Par délibération du 6 novembre 1789, MM. l'abbé de Vassimont, président de la commission intermédiaire; Baudot, Delamarre et Moreau, membres de cette commission; vu l'ordonnance de M. l'Intendant, du 20 octobre précédent, décident qu'il sera procédé à l'adjudication des ouvrages nécessaires pour la construction d'un canal dans les pâquis de la communauté de Mognéville, afin d'y faire passer les eaux de la rivière. (Archives de la Meuse. Série C. 342, f° 2.)

emplacement quelques monnaies romaines, entre autres, un très-beau grand bronze à l'effigie de l'empereur Marc-Aurèle (1).

Pour prouver son antiquité, le P. Benoît Picart dit (2) que Heribert donna à Garibalde, 22ᵉ évêque de Toul, l'abbaye de Montier-en-Der, avec les villages de Mognéville, Couvonges et Bovée : *Villas quæ cognominantur Magniaca villa et Boveriacus cum Cupedoniâ super fluvium Saltum* (3).

On trouve aussi le nom de ce village cité dans le cartulaire de Jeand'heurs, sous la date de 1141, puis dans plusieurs titres en faveur de l'abbaye de Trois-Fontaines, savoir :

1° Dans une charte de 1147 [?], on lit que Vautier de Gondrecourt et Hugues d'Hescuruns [?] ont donné aux religieux de cette abbaye la permission de prendre, dans les bois de Mognéville, tout ce qui leur serait nécessaire pour bâtir, etc.....

2° Des lettres de Viard, seigneur de Rinel, de l'année 1196, déclarent que, prêt à partir pour la Terre-Sainte, et du consentement de son fils Théobald, il donne à perpétuité, et pour le salut de son âme et de celle des siens, à l'abbé et aux religieux de Trois-Fontaines, droit de pâture pour toute espèce de bétail sur le paccage de Mognéville; les témoins furent le chanoine Philippe, Garnier de Rimaucort [?] et Wiard de Rossoil [?].

3° En l'année 1290, il y eut contestation entre Philippe, qualifié châtelain de Bar, et les religieux de l'abbaye de Trois-Fontaines, au sujet d'une quantité de grains, de vin et d'argent que réclamaient lesdits religieux, avec des arrérages. De là un arrangement qui donna lieu à un acte par lequel Philippe fit droit en partie aux réclamations, et, entre autres dispositions, il donnait à prendre « sur son maiour de Mo-

---

(1) Mognéville est placé à environ 4 kilomètres de la voie *présumée* antique de *Caturices* à *Victriacum* (Vitry-la-Brûlée ou l'ancien chemin de Vitry). — Comte Hippolyte de Widranges, *Mémoires de la Société des Lettres, Sciences et Arts de Bar-le-Duc*, t. III.

(2) *Histoire civile et ecclésiastique de Toul*, in-4°, p. v, vi, x et xi.

(3) Il y a toute apparence que le P. Benoît Picart, interprétant inexactement l'ancien manuscrit latin qu'il a copié, a fait une méprise, en traduisant *Boveriacus* par Bovée : au lieu de Beurey, le mot *Boveriacus* ne signifierait-il pas plutôt Beurey, et cette supposition n'est-elle pas vraisemblable, si l'on considère que ces trois localités : Mognéville, Couvonges et Beurey, sont voisines et situées sur la Saulx? (*Annuaire de la Meuse* pour 1848, *Statistique des communes du canton de Revigny*, p. lii.)

gnéville, sur ses rentes et droitures de cette même ville, dix sous de provenisiens, etc..... (1). »

L'abbaye de Cheminon possédait aussi plusieurs titres de donations à prendre sur le finage de Mognéville, savoir :

1° Des lettres de l'année 1220, émanant d'Odon, évêque de Toul, font connaître que Baudoin, chevalier de Bar, donne à perpétuité, à l'abbé de Cheminon, pour le salut de son âme et celle de ses parents, un demi boisseau de blé et un demi boisseau d'avoine (mesure de Vitry) à prendre sur sa dîme de Mognéville, et que Godefroi, chevalier de Bar, son frère, approuve cette donation ;

2° Des lettres du même Godefroi, de ladite année 1220, ratifient la donation ci-dessus, qui a été faite du consentement de son épouse Hélisent et de sa mère Ode ;

3° Des lettres de Guiard, seigneur de Resnel, de l'année 1290, par lesquelles il notifie que, du consentement de son fils Théobald, il donne à l'abbé et aux religieux de Cheminon, le droit d'usage pour toute espèce de bétail dans ses paccages de Mognéville (2).

La terre de Mognéville passa dans la maison de Bar, le lundi après la Saint-Nicolas d'hiver 1284, en suite de la vente qui en fut faite par Gérard, abbé de Jeand'heurs, Viard, curé d'Haironville, doyen de la chrétienté de Robert-Espagne, et Thiébaut, sire de Boiffroymont, à noble homme Baron Thiébaut, comte de Bar, pour la somme de 500 livres moins 7 livres de petits tournois, monnoie coursable en foire de Champagne. Les vendeurs s'engageaient à livrer tout ce qu'ils possédaient sur son ban, finage et parochage, en hommes, femmes, ban, justice, bois, eaux, terres, prés, foins, terrage, rentes, censives, fiefs, anciens fiefs, s'il y en avait, et toutes autres choses, sans en rien réserver (3).

En l'année 1300, le comte Henri de Bar donna à l'abbaye de Riéval, pour l'anniversaire de dame Yolande [?], une rente de dix sous tournois à prendre sur les dîmes de Mognéville (4).

Cette même année, les d'Arrentières prirent possession de la terre de Mognéville.

L'année suivante, octave de la Trinité 1301, Henri III,

(1) *Annuaire de la Meuse* pour 1848, *loc. cit.*

(2) *Annuaire de la Meuse* pour 1848, *loc. cit.*, p. LIII.

(3) Cette pièce, tirée de la Chambre des comptes de Bar, registre n° 50, folio 200, appartient à la mairie de Mognéville.

(4) Dumont, *Histoire des fiefs et des principaux villages de la seigneurie de Commercy*, in-8°, t. II, p. 426.

comte de Bar, en concluant le fatal traité de Bruges, dut faire hommage à Philippe le Bel, roi de France, de tout ce qu'il tenait à Mognéville, etc. (1).

Le 7 novembre 1372, Robert, duc de Bar, accorda à Jean d'Arrentières, seigneur de Mognéville, quatre pièces de *marien* pour la couverture de l'une de ses tours de Mognéville (2).

L'année suivante, une querelle s'étant élevée entre le même Jean d'Arrentières et Pierre de Bar, seigneur de Pierrefort, ce dernier envahit le village et le ravagea, puis alla attaquer le château. A cause de sa gravité, le roi de France, Charles V, dut intervenir dans ce conflit. Par ses lettres du 13 janvier 1375 (nouv. style), le roi accorda le pardon au sire de Pierrefort (3).

Vers la fin de l'année 1385, la princesse Yolande de Flandre, mère de Robert de Bar, fit arrêter, par le prévôt de Clermont, plusieurs habitants de Mognéville et saisir plusieurs chevaux, parce que Jean d'Arrentières ne voulait pas lui payer 80 royaux d'or que son père lui devait (4).

Vers 1398, Aubert de Narcy, qui avait épousé en secondes noces Alix de Garlande, châtelaine de Bar, dite Alix de Possesse, était seigneur de Mognéville (5).

En 1420, pendant que le comte de Salm, gouverneur général du duché de Bar, assiégeait, pour le duc René Ier d'Anjou, l'église de Sermaize, qui avait été convertie en forteresse par les habitants, on amena de Mognéville le *mantel de bois* et plusieurs autres *artilleries de guerre*, ainsi que ce fait résulte d'un compte de Jean Rouvel, receveur général du duché de Bar. Dans ce compte, sont portés en dépense douze gros payés à un particulier de Bar, pour les frais d'environ

---

(1) Prisonnier du roi de France, qui l'avait fait enfermer à Bourges, le comte de Bar ne recouvra sa liberté qu'après s'être engagé par traité, pour lui et pour ses successeurs, à faire hommage-lige au roi et à ses successeurs rois de France, de sa ville et châtellenie de Bar et de tout ce qu'il y tenait en deçà de le Meuse ; à réparer, avant la fin du mois d'août de la même année, les dommages occasionnés par les siens à l'abbaye de Beaulieu-en-Argonne, et enfin à se rendre en Chypre pour y faire la guerre, et à y rester jusqu'à ce qu'il plairait au roi Philippe de le rappeler.

(2) Victor Servais, *Annales du Barrois*, in-8°, 1865, t. I, p. 269, 270, note.

(3) *Idem, ibidem*.

(4) *Idem, ibidem*, 1867, t. II, p. 101.

(5) Charles Remy, *Notes historiques sur Possesse*, in-8°, 1883, p. 190.

quatorze personnes de Mognéville et vingt-cinq chevaux de harnais employés à la conduite de ce matériel (1).

Un compte du même receveur nous apprend que, le 8 avril 1423, une somme de 16 l. 10 s. fut payée à « Jehan de Marats, » demeurant à Rembercourt-aux-Pots, pour trois muids de froment qu'il délivra « pour aider à la despence de certains compaignons darmes estans en garnison au lieu de Mongneville, lesquelz monseigneur le comte de Saulmes, gouverneur general du duchie de Bar y avo t envoiez pour illec estre en garnison contre messire Jehan de Vergy, les enfans de Fay, Perrin de Mondore, Philibert de Sarney et autres ennemis de monseigneur le duc de Bar. » (Au prix de 5 francs le muid) (2).

La seigneurie de Mognéville se trouvait entre les mains de Ferry d'Esne, en 1452 : cette année, il en fournit un dénombrement scellé de deux sceaux (3).

La terre et seigneurie de Mognéville furent reprises par Bertrand de Beauvau le 16 décembre 1470. Le 19 du même mois, le roi René lui donnait des lettres d'abolition (ou de pardon) (4).

Bertrand semble avoir eu pour successeur Claude de Beauvau, lequel obtint du duc Antoine, par lettres du 19 août 1530, la permission de faire rechercher toutes mines d'argent ou autres dans l'étendue de la seigneurie de Mognéville (5).

Jacques des Armoises fut aussi seigneur de Mognéville, pour lequel il fournit son dénombrement, ainsi que pour Neuville-sur-Orne et Belrain (6). Le 12 avril 1558, de concert avec Catherine de Vanneaux, sa femme, ils firent don, à l'hôpital de Mognéville, d'une rente de 30 francs à prendre sur leur seigneurie.

On conjecture qu'il eut pour successeur Bussi d'Amboise, qui, en cette qualité, étant vassal du duc de Bar, se pourvut contre ce dernier au Parlement de Paris, en interjetant appel d'une ordonnance que les commissaires du duc avaient ren-

---

(1) *Annuaire de la Meuse* pour 1844, p. 369.

(2) Archives de la Meuse. Compte de Jehan Rouvel. Série B. 497, folio 148.

(3) *Idem*. B. 255, folio 202.

(4) *Idem, ibidem*. Ces lettres absolvaient le coupable d'un crime irrémissible, selon les règles de la justice, et ordonnaient qu'il n'en fut plus parlé. (Bescherelle, *Dictionnaire*.)

(5) Archives de la Meuse. Série B. 19.

(6) Archives de Meurthe-et-Moselle. Série B. 344.

due pour l'imposition et la levée des aydes qui lui avaient été accordées par les Etats de Lorraine et Barrois, quoique de toute ancienneté les habitants dudit Mognéville aient contribué à leur paiement comme ses autres sujets. C'est alors que le duc de Lorraine représenta au roi Charles IX, le 28 octobre 1571, que cette poursuite, entreprise par le sieur Bussi d'Amboise devant le Parlement, et la connaissance que ce dernier voulait prendre de ce fait, portaient atteinte et étaient une contravention à l'exécution du concordat passé entre eux lors d'un différend, qui s'était précédemment élevé au sujet de la souveraineté sur la ville de Bar, dont Sa Majesté s'était réservée la connaissance en conseil privé, en interdisant au Parlement de s'immiscer dans cette affaire. Charles IX, faisant droit à la requête du duc de Lorraine, évoqua cette affaire à son conseil privé, lequel rendit, le 16 octobre 1572, un arrêt qui ordonnait que les habitants de Mognéville seraient contraints de payer la taxe et cotisation, et ce nonobstant les appellations interjetées par les sieur et dame de Mognéville (1).

La misère était tellement grande en 1636, que les habitants des communautés de Vaubecourt et de Mognéville furent exemptés des impôts (2).

Après Bussi d'Amboise, nous voyons messire Henri de Mesmes, seigneur de Roissi, marquis de Mognéville, conseiller du roi en ses conseils, président en la cour ; puis Louis-Victor Rochechouart, comte de Vivonne, prince de Tonnay-Charente, marquis de Mognéville et d'Everly, baron de Bray-sur-Seine, seigneur de Rossy en France, et lieutenant général des mers et armées du Levant, en 1673. Peu d'années auparavant, ce dernier avait aplani un différend qui s'était élevé entre Nicolas Evrard, son lieutenant au bailliage, et le sous-fermier au marquisat (3). Antoinette-Louise de Mesmes, son épouse, accorda aux habitants de Mognéville des lettres en réduction (4).

Mognéville, uni aux terres de Varney et de Rembercourt-sur-Orne, fut érigé en marquisat par Louis XIII en 1633 (5).

Le 3 avril 1651, par devant Nicolas Evrard, lieutenant général audit bailliage, et Louis de Narcy, maître greffier ordinaire, on fit un bail général des fermes et revenus du

(1) Archives de la Meuse. Série B. 3042. Arrêt du Conseil du Roy au sujet du comté de Ligny, p. 29.

(2) *Idem.* Compte de Charles de la Morre, écuyer, receveur du duché de Bar. B. 647.

(3) *Idem.* Série B. 34. Reg. in-folio

(4) *Idem.* Série B. 49. Reg. in-folio.

(5) *Idem.* Série B. 271, folio 25 v°.

marquisat de Mognéville, lesquels consistaient en : vignes, terres, prés; — fermes des amendes; — des menues dîmes de chanvre, pois, fèves, lentilles, camomille, navette, etc.; — de l'étalage et étaux de boucherie; — de l'abrochage des vins; — du four banal; — des poids, halage, minage, etc.; — du colombier de madame; — de la petite chasse des cailles; — du greffe du bailliage, de la tuilerie, des dîmes et novales des grains; — des deux offices de sergent, des deux charges d'éwardeurs (gardes); — de terrage, etc. (1).

Le 22 novembre 1687, cette terre fut vendue à Thomas de Choisy, maréchal de camp des armées du roi, gouverneur de Saar-Luis, et à Jeanne-Berthe de Clermont, sa femme, représentée par M. de Vendières, curé dudit Mognéville. Cette vente fut confirmée par lettres du mois d'août 1689, enregistrées le 19 juin suivant (2).

Thomas de Choisy, devenu marquis de Mognéville, donna son dénombrement pour ce lieu et pour Varney, le 10 septembre 1703 (3); il mourut le 26 février 1710, âgé de 78 ans, laissant un fils unique, Alexandre-Louis-Thomas de Choisy, marquis de Mognéville, chambellan de Son Altesse Royale, qui mourut en son château de Mognéville le 28 février 1719, à l'âge de 39 ans.

Alexandre-Louis avait épousé Charlotte-Thérèse de Lenoncourt de Blainville, décédée le 8 janvier 1756, à l'âge de 72 ans. De ce mariage étaient nés : 1° Charlotte-Thérèse, décédée le 30 octobre 1745, âgée de 35 ans; 2° Charles-Jean, marquis de Choisy et de Mognéville, marié en premières noces à Hélène-Adélaïde de Châtenet de Puységur, morte sans enfants en 1749, et en secondes noces à Marguerite-Jeanne d'Ourches, fille du feu comte d'Ourches, lieutenant général des armées du roi.

Charles-Jean donna son dénombrement en février 1772 (4) et mourut à Nancy le 21 octobre 1781. Il fut père du marquis de Choisy et de Jean-Charles-Gabriel, chevalier de Choisy, capitaine au régiment de cavalerie-Roussillon, etc. (5).

(1) Archives de la Meuse. Série B. 27.

(2) Les nouveaux seigneurs laissèrent à ferme, à Jacques Lamblot, les emplois de *commissaire de police*, *éwardeur* et *appariteur*. (Archives de la Meuse. Série B. 55.)

(3) *Idem.* Série B. 387 et 485.

(4) *Idem.* Série B. 329, folios 25 et 33 v°.

(5) Charles-Gabriel, marquis de Choisy de Mognéville, ancien capitaine de cavalerie, est décédé à Nancy le 25 février 1812 à l'âge de 56 ans; il fut inhumé au cimetière dit des Trois-Maisons,

Les deux frères de Choisy, en qualité de seigneurs de Mognéville, adressèrent, le 14 décembre 1789, à la municipalité et au district de Bar la requête suivante, demandant de poursuivre les habitants de leur seigneurie, qui refusaient de leur payer les droits seigneuriaux et commettaient des dégâts dans leurs forêts :

« *A Messieurs*

Messieurs de la Chambre intermédiaire

de Lorraine et Barrois.

» Remontrent les marquis et chevalier de Choisy en qualité de marquis et seigneurs de Mongneville, distric de Bar.

» Que ce marquisat dont ils ont eus la plus grande partie dans leur partage, fait leur bien unique; cette terre est principallement composée de droits seigneuriaux et de forets; mais outre qu'en cette année leurs sujets redevables desdits droits, en ont refusés le payemens, quoique les Remontrans se soient réduits à n'en repeter aucuns de main morte, relatifs a la main morte ou la representant, non plus qu'aucune corvées personnelles; c'est que les habitans dudit Mongnéville par des entreprises tres reprehensibles et en se mettant en force par des attroupemens prohibés et tres dangereux ont attentés à la propriété des Remontrans; en degradant avec affectation et hautement les bois et forets dependans dudit marquisat; En effet les Remontrans ont estés avertis par leur Bailly de Mongnéville qu'après deux raports de chasse fait par les forestiers de cette terre contre des Braconniers, quantité d'habitans dudit lieu sont allés armés dans la foret ou ils ont coupés cinquante un chesnes tant anciens que modernes et baillivaux, quelques brins de charmes et de bois blancs, et abatus un cabinet de charmille en place duquel

---

ou de Boudonville, ou des Glacis de la même ville. Il était alors veuf de Marguerite-Antoinette d'Ourches-Ourches *et* d'Anne-Marguerite d'Ourches de Tantonville. (V. *le village de Saint-Dizier-les-Nancy*, par Henri Lepage, p. 63, dans les Mémoires de la Soc. d'arch. lorr., t. IX de la 3° série.)

Charles-François-Pierre, marquis de Choisy, capitaine de cavalerie, est aussi décédé à Nancy, le 13 décembre 1816, à l'âge de 27 ans. (*Idem.*)

L'emplacement du cimetière des Trois-Maisons est aujourd'hui occupé par l'importante imprimerie Berger-Levrault.

ils ont dressés une Potence, ayant cependant laissés le tout sur place ; Une pareille conduite qui justifie que ces particuliers ont joints la derision au desordre le plus effrené, merite une reprehension d'autant plus prompte et efficace, qu'indépendament de l'intérêt particulier des Remontrans, les bois sont de police publique et spécialement sous la surveillance de la Nation, et que c'est en consequence que L'assemblée Nationalle a rendu depuis deja quelque tems, un Décret qui enjoint aux Juges ordinaires et aux Municipalités meme de veiller a leur conservation, Et il paroit d'autant plus necessaire que Messieurs de la Chambre Intermédiaire viennent promptement au secours des Remontrans que le moindre retard pourroit entrainer non seulement un prejudice immense aux Remontrans, mais encore des dégradations extrememment nuisibles au bien de l'Etat; C'est pour éviter ces inconveniens et ceux d'une Insurrection aussi dangereuse, que les Remontrans ont l'honneur de recourir a votre authorité.

» A ces causes, Messieurs, les Remontrans esperent qu'il vous plaira 1°. enjoindre a tous leurs sujets de Mongnéville et Varney en dependans, d'acquitter tous les droits seigneuriaux qu'ils refusent de payer, autres que les droits de main morte et corvées personnelles, à peine d'y être contraints par les voyes ordinaires.

» 2°. Enjoindre à la Municipalité de Mongnéville d'empêcher tout attroupemens des habitans dudit lieu, et de veiller particulierement et spécialement à la conservation des bois et forets tant seigneuriaux que communaux scitués sur leur Ban ; à peine par les officiers municipaux d'en demeurer responsables en leur propre et privé nom, et

» 3°. Que lad° Municipalité deleguera tel commissaire qu'elle voudra nommer dans les membres qui la composent, pour avec le Bailly du dit lieu et sur les requisitions du Procureur fiscal, ètre procédé à la visite, reconnoissance et estimation des dommages, delits et degradation commis ces jours passés dans les dittes forets; pour les autheurs, fauteurs, complices et adherans des dits dommages etre en consequence poursuivis pour leur réparations, a tous les amandes, dommages interets et depens par eux encourus; sauf a la Vindicte publique a agir pour la vengeance du crime d'attroupement, tumulte et sédition, comme Messieurs jugeront a propos de l'ordonner ; Et sera justice.

» Choisy. Le Ch^{er} de Choisy (1). »

(1) Archives de Meuse. Série C. 337. — L'orthographe de cette pièce a été scrupuleusement conservée.

Le 6 mars 1699, la cour du parlement de Paris rendit un arrêt qui déclarait les habitants de Mognéville affranchis de plusieurs servitudes (1). Quand la nouvelle en parvint au village, plusieurs, dit-on encore, en furent suffoqués et en moururent.

Les deux duchés furent plus d'un siècle pour se remettre des calamités occasionnées par la guerre dite de Trente-Ans (1618-1648); aussi la misère a-t-elle plusieurs fois forcé les seigneurs à réduire les tailles dont leurs vassaux avaient été frappés. En 1710, il fallut faire une réduction de 400 livres sur 1,779 livres imposées pour la subvention due par Mognéville, à cause de la grande mortalité qui avait sévi sur ce village l'année précédente (2). En 1716, autre réduction, à raison de la perte des chevaux et des bêtes à cornes (3). Par contre, en 1720, on taxa le vin (4). En 1721, parut un édit qui supprimait le droit de haut conduit et augmentait celui de contrôle (5). En 1724, les habitants réclamèrent au sujet des impôts (6). En 1752, les garnisons placées à Mognéville et à Neuville-sur-Orne motivent, au profit de ces deux communes, une diminution de subvention de 140 livres pour la première et de 70 livres pour la seconde. A cette époque, Mognéville comptait 21 laboureurs taxés à 30 livres, 141 manœuvres à 10 livres, auxquels citoyens imposables il fallait ajouter 2 laboureurs *tombés*, 1 autre mort, 3 manœuvres émigrés et 4 morts (7).

D'après un état fourni à l'intendance de Lorraine et Barrois, le chiffre de la subvention due par Mognéville, en 1770, était de 1,658 livres. La haute, moyenne et basse justices appartenaient aux marquis de Choisy, qui faisaient cultiver par des fermiers à deux charrues. Cette année, les officiers en fonctions étaient : Charles Langlois, bailli; Jean Bailly, l'aîné, procureur fiscal, Jacques Jogin, Jean Bailly, le jeune, et Jean Bailly, l'ancien. On y comptait 10 laboureurs, 135 manœuvres, 42 veuves et 5 filles. Les assises étaient, par cheval, de 4 boisseaux de blé et de 4 minottes d'avoine, et les corvées aux saisons ; les manouvriers donnaient 3 boisseaux de blé et autant d'a-

---

(1) Voir ci-après la copie textuelle de cet arrêt.

(2) En 1711, La subvention était de 1,640 livres, et de 2,177 livres en 1714. Archives de la Meuse. Série B. 433, 434 et 435.

(3) *Idem.* B. 436.

(4) *Idem.* B. 77.

(5) *Idem.* B. 78. Cette même année parut aussi un tarif pour le timbre des papiers et des parchemins et pour le contrôle des actes.

(6) *Idem.* B. 87.

(7) *Idem.* B. 433.

voine, plus les corvées aux saisons ; chaque conduit, 2 poules ; les manouvriers, 4 gros trois blancs. Il y avait au village deux moulins et un pillon, un four (1) et deux pressoirs, le tout était banal et appartenait aux seigneurs (2). L'étendue du territoire était de 500 jours de terres labourables, 160 fauchées de près, 40 jours de vignes, 100 jours de friches, 50 arpents de bois et broussailles appartenant à la communauté, et où il n'y avait pas de chênes ; 50 arpents servant à faire pâturer les bestiaux. Le rendement par jour de bonnes terres était de neuf à dix boisseaux.

Une coutume existait à Mognéville ; elle consistait à mettre en adjudication l'entretien, la nourriture et l'éducation des pupilles. Voici la copie d'une annonce de ces adjudications.

« Pierre Pérot, dit Lespine, tuteur de Jeanne Pérot, sa fille, et de feue Nicole Monnoyot (3), vivant sa première femme, fait assçavoir à tous qu'il appartiendra, que la dite Jeanne mineure, est à collocquer pour une, deux ou trois années au plus, et partant s'il y a quelqu'un qui veuille se charger de sa nourriture et éducation il y sera ouy et reçeu à l'enchere et adjudication définitive et sans remise, qui s'en fera au rabbais, demain lundy vingt-troisiesme jour du mois de mars mil six cent soixante-huict, par devant M. le Bailly de Mognéville, ou son Lieutenant, aux charges des frais de publication et adjudication et oultrée.

» Et sy de plus, il fait encore assavoir que le peu de bien fonds appartenant à la dite mineure, est à laisser pour trois ou six années, à qui plus, et que l'adjudication s'en fera le dit jour susdit, aux mesmes charges des frais de publication, adjudication et oultrée et autres, qui seront dites et proposées (4). »

Vers 1673, une semblable adjudication eut lieu, au profit de Jacob Grandcollot, pour la personne de François Mordil-

---

(1) Archives de la Meuse. B. 25. Le 28 août 1643, il fut procédé à la visite de ce four à la requête de l'agent du seigneur de Mognéville.

(2) Une tuilerie existait à Mognéville dès le xve siècle. Un compte de Jean de Neufville, cellérier de Bar, 1497-1498, fait mention d'une fourniture de tuiles en provenant. (Archives de la Meuse. Série B. 829.)

(3) Une nommée Catherine Monnoyot, demeurant à Mognéville, fut émancipée le 16 janvier 1634. (Archives de la Meuse. Série B. 17.)

(4) Au-dessous est écrit : « Je, curé de Mognéville, certifie avoir leu et publié le contenu du présent billet en la messe paroissiale, le dimanche 22 juillet 1668. Signé : Jacque SAUUAGE. (Archives de l'ancien bailliage de Mognéville.)

lat (1). Même fait, en 1688, pour les enfants mineurs Grandcollot (2).

Le 7 septembre 1711, parut un édit de Léopold, duc de Lorraine et de Bar, concernant les femmes veuves et filles qui devenaient enceintes. Cet édit, qui ordonnait qu'elles fissent une déclaration et disent, par serment, pendant les douleurs de l'enfantement, quel était l'auteur de leur grossesse, fut enregistrée au bailliage de Mognéville, le 16 novembre de la même année, par Nicolas-François de Convenance, lieutenant général audit bailliage (3). C'est en exécution de cette ordonnance que la fille Jeanne Hollier fit sa déclaration en 1725 (4); la fille Faudot en fit une semblable en 1747 (5); puis nous voyons Marie-Anne Ragon en 1753 (6). Une nommée Marie-Anne de Braux déclara qu'elle était enceinte des œuvres de Poincet, garde-du-corps (7); Marie-Anne Jeannin, veuve Petit, confessa qu'elle l'était d'un cavalier nommé Ambroise Leclerc (8).

Comme la justice seigneuriale appartenait aux seigneurs de Mognéville (haute, moyenne et basse justices), Thomas de Choisy fit graver, vers 1695, un sceau dont il ordonna l'apposition sur toutes les sentences avant leur mise à exécution (9).

**

Pour saisir les mœurs d'une époque, il faut s'identifier avec les faits qui s'y sont passés : c'est pourquoi nous reproduisons sommairement quelques arrêts rendus par les officiers de la justice bailliagère de Mognéville au xviie siècle, ainsi que l'indication de plusieurs procès.

1° Il y eut procès, en 1633, entre Toussaint Lebeuf et la

(1) Archives de la Meuse. Série B. 39, registre.

(2) *Idem* Compte rendu par Jacques Michelot, gouverneur de la communauté de Mognéville. B. 53.

(3) *Idem*. B. 63, f° 7. Précédemment un semblable édit avait dû être mis en vigueur, car, en 1679, Barbe Clément, de Mognéville, accouchée d'un garçon, fit la déclaration que Jean Martin en était l'auteur. (*Idem*. B. 146.)

(4) *Idem*. B. 91.
(5) *Idem*. B. 116.
(6) *Idem*. B. 122.
(7) *Idem*. B. 182.
(8) *Idem*. B. 154.
(9) *Idem*. B. 58.

femme Joblot, pour enlèvement de fruits (1) ; — 2° un autre procès fut engagé entre Marguerite Louis et Nicolas Maillard, pour injures (2) ; — 3° condamnation de François Cayette et François Mordillat, à 20 francs d'amende pour jurements (3); — 4° condamnation de Jacques Guillaume, à 10 francs d'amende pour mêmes faits (4) ; — 5° en 1674, des poursuites sont faites à la requête des habitants de Mognéville contre Pageot et Mordillat, ci-devant gouverneurs de la cité, en révision de compte ; — 6° en 1678, les mêmes habitants désavouent Remy Mourot, leur syndic, à l'occasion d'un procès intenté contre Jean Macuson, chirurgien (5) ; — 7° cette même année, François Balthazard fut poursuivi pour jurement et blasphème du saint nom de Dieu (6) ; — 8° Procès entre Joachim Chault et Louis de Narcy, pour la sous-ferme des dîmes en vin et pressurage (7) ; — en 1681, des poursuites se font contre Jean Blondelet et autres pour insultes envers madame de Stainville (8).

Parmi les édits et ordonnances de police exécutoires à Mognéville, nous trouvons une ordonnance du 5 décembre 1689 touchant l'échenillage (9). — Défense est faite d'aller fauciller les orges avant l'ouverture du ban et de fourrager les vignes (1678). — Défense aux cabaretiers de donner à boire après huit heures du soir (1694). — Ordonnance sur les bruits et clameurs de nuit (1715). — Défense de faire des mascarades et de parcourir ainsi les rues (1724). — Défense de sortir après la retraite, sans lanterne éclairée (1752). — Ordre de débarrasser les rues des fumiers et des boues (1756). — Mesures prises pour la conservation de la vendange menacée par la grande quantité de guêpes répandues sur le territoire (1746). — Ordonnance touchant les précautions à prendre

---

(1) Archives de la Meuse. B. 316.
(2) *Idem.* B. 18.
(3) *Idem.* B. 120.
(4) *Idem.* B. 125.
(5) *Idem.* B. 144.
(6) *Idem.* B. 145.
(7) *Idem.* B. 137.
(8) *Idem.* B. 148.
(9) *Idem.* B. 53, f° 4, recto.

contre l'incendie (1) et les embarras sur la voie publique (9 octobre 1699) (2). — Défense d'insulter les gens de service de la marquise de Mognéville, sous peine de 25 francs d'amende (1728).

*
* *

Avant la Révolution de 1789, la noblesse jouissait de prérogatives considérables attachées aux seigneuries, tels que les *droits utiles* et les *droits honorifiques*. Parmi les premiers, figurait celui de *main-mortable* (3) qui consistait dans le droit du seigneur de s'emparer des biens des personnes qui se trouvaient réduites à la condition de serf. Ces personnes ne pouvaient comme appartenant à la terre qui les avait vues naître, changer de lieu de domicile sans voir leurs biens confisqués ; il en était de même si elles venaient à mourir sur les terres d'un autre seigneur. Ainsi, nous voyons que vers 1670, il y eut confiscation des biens de Claude Poynot, décédé hors le territoire de la seigneurie et dont le corps n'avait pu être rapporté à Mognéville pour y être inhumé (4).

Peu de temps auparavant, une décharge avait été donnée à Charles Marainville, pour le corps de sa fille, morte du pourpre à Saint-Martin et qu'il n'avait pu représenter (5).

Un autre droit du seigneur, était celui de faire défense de vendanger avant lui (6), parce qu'ordinairement il avait un

---

(1) Mognéville avait été incendié en 1757 (Arch. B. 190). Il y eut plusieurs condamnations prononcées, en 1678, pour défaut de mesures prises contre ce fléau ; une sentence ordonna à Nicolas Michelot de démolir son four, dangereux et pouvant occasionner un sinistre. — De nos jours, un incendie terrible éclata à Mognéville : dans la nuit du 2 ou 3 novembre 1882, huit maisons, avec le mobilier, les récoltes, une partie du bétail qu'elles renfermaient devinrent la proie des flammes. Neuf autres maisons furent aussi détériorées. Les pertes éprouvées par ce sinistre ont été évaluées à la somme de 73,535 francs.

(2) Archives de la Meuse. B. 60, f° 5 v°.

(3) La *main-mortable* fut abolie, en août 1779, par un édit du roi Louis XVI, sur les terres appartenant au domaine. — Quand le serf ne laissait rien, dont put hériter le seigneur, dit M. Emile Garret, celui-ci avait le droit de faire apporter et déposer à ses pieds, chaude encore et sanglante, la main du serf coupée par le bourreau : de là le terme générique de *main-morte* appliquée à cette sorte de servitude. (Voir *Les bienfaits de la Révolution*, p. 69.)

(4) Archives de la Meuse. Série B. 36.

(5) *Idem*. B. 33.

(6) *Idem*. B. 144.

délai de 30 à 40 jours pour vendre son vin exclusivement à tout autre propriétaire. S'il prenait fantaisie à M. le marquis d'aller se divertir à la chasse, il convoquait les habitants pour aller *aux traques :* le moindre refus de leur part était poursuivi (1).

**

Du château de Mognéville, qui passait pour être un des plus beaux du Barrois, on ne remarque plus que quelques vestiges. Il renfermait une chapelle sous le vocable de saint Nicaise, dont le seigneur était collateur. Vers 1716, Roch Joblot en était chapelain (2). L'installation de messire Etienne Leclerc, son successeur, fut contestée par le curé de Mognéville en 1717 (3). Vers 1770, Charles Laurent était en possession de cette chapellenie (4).

Des réparations importantes furent entreprises dans ce château à plusieurs époques, notamment en 1674, année pendant laquelle le pont-levis fut reconstruit en partie (5); en 1681, la grosse tour *Bridaine* fut entièrement réparée (6). Quant à la prison qu'il renfermait, il est à conjecturer qu'elle ne fut pas toujours en bon état, car nous voyons deux prisonniers *pour dettes*, Jean Ambroise et Jean Reboulet, transférés de cette dernière dans celle du château de Couvonges, parce que celle de Mognéville tombait en ruines.

**

Avant 1790, Mognéville faisait partie du Barrois mouvant, avec titre de marquisat (7) et de prévôté bailliagère sous la juridiction du bailli; il dépendait de la recette, coutume et bailliage de Bar, du présidial de Châlons et du parlement de Paris.

En 1790, lors de l'organisation du département, il fit partie du district de Bar-sur-Ornain et du canton de Beurey; on y comptait alors 138 citoyens actifs.

---

(1) Archives de la Meuse. Série B. 119.

(2) *Idem*. B. 69.

(3) *Idem*. B. 72.

(4) *Idem*. B. 133. Il desservait en même temps la chapelle Saint-Jean, dans l'église de Mognéville, comme l'avait fait ses prédécesseurs.

(5) *Idem*. B. 40.

(6) *Idem*. B. 48.

(7) Ce marquisat comprenait Mognéville et Varney.

Les registres de l'état civil, qui remontent à 1598, ne sont point signés jusqu'en 1682; ce n'est qu'à partir de cette époque qu'ils sont signés par le curé et les parties déclarantes.

D'après la matrice cadastrale dressée en 1826, la superficie totale du territoire de Mognéville était de 1836 hectares 14 ares 92 centiares; dans ce chiffre, les terres labourables figurent pour 739 h. 80 a. 10 c.; les prés fauchables, pour 164 h. 42 a. 99 c.; les pâtures et pâtis, pour 122 h. 12 a. 25.; et les bois, pour 710 h. 65 a. 11 c.

Les produits dominants sont les céréales et les graines oléagineuses. Une cinquantaine d'hectares de terre sont plantés en vigne (1).

Les revenus communaux s'élèvent annuellement, en moyenne, à 10,000 francs.

Cette commune possède en propre 107 hectares 49 ares 71 centiares de bois. — Les pertes qu'elle a éprouvées pendant l'invasion allemande de 1870 ont été estimées 40,002 francs.

II.

La Paroisse de Mognéville.

La paroisse de Mognéville, avant 1790, faisait partie du diocèse de Toul, de l'archidiaconé de Rinel et du doyenné de Robert-Espagne. Le chapitre de Liverdun et le seigneur nommaient à la cure (2). Les décimateurs étaient le seigneur et le curé pour un cinquième dans la grosse dîme et dans celle du vin. En 1749, on y comptait de 165 à 170 feux.

Depuis le concordat de 1823, cette paroisse fait partie du diocèse de Verdun, de l'archiprêtré de Bar-le-Duc et du doyenné de Revigny.

Son église, placée sous le vocable de saint Remi, est un monument remarquable renfermant plusieurs genres d'architecture; la nef principale et son portail, sur la rue, sont d'architecture romane; la partie qui fait suite, et où se trouvait le chœur avant qu'il existât où il est aujourd'hui, est

---

(1) Avant la Révolution, deux foires se tenaient annuellement à Mognéville, dans une halle, où était réservé un endroit pour rendre la justice. Cette halle fut vendue en 1803 par la famille de Choisy.

(2) *Documents sur l'histoire de Lorraine*, 1863, in-8°, p. 125.

d'architecture ogivale primitive ; enfin le chœur actuel est d'architecture ogivale de la Renaissance. Ce détail de caractère est confirmé par le millésime 1561, que l'on remarque au-dessus de l'arcade de l'entrée du chœur, et par les deux médaillons que l'on voit sculptés à la voûte de ce même chœur, et qui représentent, l'un le buste de François Ier couronné, l'autre une salamandre, emblème de ce prince. On voit encore, dans les combles de l'église, une chambre jadis construite pour servir de retraite dans les temps de guerre. On remarque au fond du chœur, derrière l'autel, un bas-relief dans le genre gothique, sculpté sur bois. Le sujet, qui est la passion de Jésus-Christ, est divisé en plusieurs compartiments formant tableau : les personnages sont peints, dorés et très-bien exécutés. Dans la chapelle du Saint-Sépulcre, à gauche du chœur, il y a un petit Calvaire, sculpté en pierre et d'un beau travail (1).

D'après un procès-verbal de réception de travaux exécutés dans l'église de Mognéville (2), outre la chapelle du Saint-Sépulcre, il y en avait encore trois autres : celle de l'Assomption, celle de Saint-Nicolas et celle de Saint-Jean (3) ; cette dernière était à la nomination du seigneur.

Plusieurs confréries étaient érigées en cette paroisse : 1° celle du Rosaire, dotée par les époux Mordillat en 1688 (4) ; — 2° celle de Saint-Hubert, au profit de laquelle Paul Poynot avait donné, en 1675, une obligation de 135 francs (5) ; — 3° celle de Saint-Crépin, où fut admis un nommé Mordillat, dit Laroche, en 1681 (6). Malgré son affiliation à une société religieuse, ce dernier fut condamné, en 1686, pour avoir mal parlé des bienfaiteurs de l'église (7).

On peut lire dans l'église les épitaphes suivantes : la première est gravée sur un marbre noir de 1^m,50 de hauteur sur

---

(1) *Statistique des communes du canton de Revigny.* Annuaire de la Meuse, 1848, p. L.

(2) Archives de la Meuse. Série E. 90, liasse.

(3) Messire Etienne Leclerc en était chapelain en 1718. (Arch. de la Meuse. Série B. 72.)

(4) Archives de la Meuse. Série B. 141.

(5) *Idem.* B. 52.

(6) *Idem.* B. 56.

(7) *Idem.* B. 150.

1 mètre environ de largeur; elle est placée près de la chapelle Sainte-Anne.

D. O. M.

Cy gist haut et puissant seigneur
Thomas de Choisy . Marquis de Mongneville.
Seigneur de Varney & de Remencourt :
Lieutenant général des Armées du Roy :
Gouverneur de Sarrelouis qui après avoir été
Successivement lieutenant aide-major &
Capitaine fut fait en 1675 lieutenant de Roy
De Limbourg & la même année nommé
Ingénieur dans les armées du Roy :
Brigadier d'Infanterie en 1676 :
Gouverneur de la citadelle de Cambray
En 1677. Et commandant de Thionville la
Même année. Gouverneur de Sarrelouis
En 1678. Maréchal de camp en 1689.
Il commanda l'armée du Roy au siége
De Rinsfeld en 1692. Il fut fait
Lieutenant général en 1704. Et mourut
Le 26 février 1710 Agé de 78 ans.

Reposent aussi sous cette tombe
Les corps d'Alexandre Louis Thomas
De Choisy Marquis de Mongneville fils unique
Du précédent : décédé le 28 février 1719
Agé de 39 ans.
    De Charlotte-Thérèse de Lenoncourt
Son épouse, décédée le 8 janvier 1756
Agée de 72 ans.
    Et de Charlotte Thérèse leur fille
Décédée le 30 octobre 1746 agée de 35 ans.

REQUIESCANT IN PACE.

La deuxième épitaphe est ainsi conçue :

Ci git
Messire Charle Jean
Marquis de Choisy et de Mognéville,
Décédé à Nancy le 21 octobre 1781.
Priez Dieu pour le repos de son âme.

*_**

Parmi les fondations faites en l'église de Mognéville, nous connaissons celle de deux messes fondées en 1716, par Marguerite Joblot (1), puis celle de deux autres messes fondées en 1724, pour le repos de l'âme de Catherine Morel, morte assassinée (2).

*_**

Des pièces déposées aux archives nous rappellent qu'en 1720 il y eut grand tumulte à l'église à l'occasion des bancs (3); qu'en 1738, le nommé Jean Arrabourg, de Varney, fut condamné à une amende de deux livres de cire jaune, pour avoir enfermé le curé et ses paroissiens dans l'église pendant l'office de Vêpres (4); qu'en 1691, il y eut une rixe entre les filles Sauvage, de Mognéville, et mademoiselle de Vendières, sœur du curé (5).

*_**

Au lieu dit la *Côte-de-Vaux*, territoire de Mognéville, un ermitage fut établi, vers 1673, pour Claude Frère d'Allemagne, sur lequel, on ne sait trop pourquoi, des voies de fait furent exercées, en 1677, par Blondelot, le maître d'école, qui lui enleva tous ses meubles (6).

(1) Archives de la Meuse. Série B. 70.
(2) *Idem*. B. 70.
(3) *Idem*. B. 76.
(4) *Idem*. B. 108.
(5) *Idem*. B. 56.
(6) *Idem*. B. 38, 143 et 43. — Un autre maître d'école, nommé Christophe Pargny, fut destitué, en 1716, pour avoir battu un enfant. (*Idem*. B. 68.) — Le nommé Hermant était maître d'école en 1723. (*Idem*. B. 84.)

III.

Hôpital de Mognéville (1).

La commune de Mognéville possède très-peu d'indigents.
Son bureau de bienfaisance, créé par arrêté préfectoral du 17 octobre 1842, possède une rente de cent trente francs sur l'Etat, avec laquelle il vient en aide, chaque année, à six ou sept malheureux, en leur procurant du pain et des vêtements.
Cette localité était anciennement dotée d'un établissement hospitalier, désigné d'abord sous le nom d'*hôtel-Dieu*, et ensuite sous celui de *Charité*. Suivant un acte reçu le 18 avril 1439, par Jean de Brouillon, garde du scel du duché de Bar, et Gilles d'Andernay, il avait été fondé, par Thevenin Merdevelle et Isabelle, sa femme. Il fut pillé et saccagé, lors du siège de la ville de Bar, survenu pendant les années 1651 et 1652.
Les habitants, après l'avoir complétement restauré et rendu à sa destination, se virent, quelques années plus tard, sur le point d'en être dépossédés au profit des religieux de l'ordre de Saint-Lazare; mais, sur leur réclamation et l'exposé de la situation dans laquelle ils se trouvaient, tant par suite de la suppression des secours que les vieillards et les infirmes étaient habitués à trouver dans cet établissement « que par les méfaits, les embrasemens et autres qu'il y auroit à craindre des forains qui ne s'y trouveroient plus logez, » la Chambre royale, s'appuyant, en outre, sur ce que l'hospitalité n'avait point cessé d'y être exercée, décida, en 1676, que cet acte de spoliation ne serait point accompli.
Cet hôpital était situé en dehors du village, dans la contrée d'*Outre-Saulx*, sur le chemin de Vassincourt; il renfermait trois chambres : une pour les voyageurs, une pour les malades, et une pour l'hospitalier ou gardien. Les voyageurs y étaient logés, chauffés et nourris, pendant un jour seulement; les malades y étaient recueillis et soignés jusqu'à leur

---

(1) Nous devons la communication de ce document à l'obligeance de M. le docteur Baillot, médecin en chef de l'hospice civil de Bar-le-Duc, auteur de l'*Histoire des établissements de bienfaisance fondés dans le département de la Meuse.*

complète guérison, et des secours, enfin, y étaient donnés aux personnes nécessiteuses de la localité.

Ses ressources consistaient, au 16 décembre 1674, en un revenu de cinq cent cinquante-neuf francs deux gros deux blancs Barrois, tant en produit d'immeubles qu'en rente de capitaux constitués (1); et au 28 décembre 1790, en trois cent sept livres de rente, cent quatorze livres du fermage de neuf jours six verges de terres, situés sur le finage de Mognéville, et quarante livres de la location de cinq jours cinquante-deux verges de terre, sur celui de Contrisson.

Une distribution de vingt-cinq paires de souliers, de trois grandeurs différentes, était ensuite faite, tous les trois ans, aux indigents de la localité. Elle avait lieu devant la porte du château, par les soins des religieux de Notre-Dame de Jeand'heurs, qui acquittaient ainsi une charge imposée à cette abbaye, lors de la cession qui lui avait été faite des immeubles de l'ancienne chapelle Saint-Jean, située sur le finage de Mognéville. Cette distribution avait ensuite été portée à quarante paires. Un jour, ces religieux, devenus riches et puissants, se trouvèrent humiliés de satisfaire à cette obligation; pour s'en affranchir, ils abandonnèrent à ce petit hôpital une pièce de terre située sur le territoire de cette même commune, laquelle pièce, à raison de cette transaction et de la destination qui devait être conservée à son revenu, prit le nom de *Terre des souliers*, sous lequel elle est encore désignée aujourd'hui.

Un des habitants notables de la commune était chargé de l'administration de l'hôpital, sous le contrôle du seigneur de Mognéville, du mayeur et des échevins; il prenait le titre de Gouverneur, de Directeur, de Procureur, d'Administrateur ou de Receveur; il était secondé, pour les menus détails, par un gardien ou hospitalier.

Les individus chargés de cette mission ont été : Pierre Sauvage, en 1607; Jean Grandcollot, en 1627; Claude Blondel, en 1640; Simon Sauvage, en 1643; Nicolas Sauvage, en 1651; Claude Joblot, en 1665; Nicolas Sauvage, en 1672; Jean Renard, en 1675; Claude Sauvage, en 1677; Nicolas Jourdhuy, en 1681; Grandcollot, en 1700; Jacques Michelot, en 1708; Jean Jourdhuy, en 1712; Jacques Michelot, en

---

(1) Léopold, duc de Lorraine et de Bar, par un édit de 1717, ordonnait de faire des quêtes pour subvenir aux besoins des pauvres.

La même année, le procureur fiscal ordonna aux mendiants, gens sans aveu ou inconnus, de quitter Mognéville dans les vingt-quatre heures, et défense fut faite aux cabaretiers et autres d'en recevoir à l'avenir. (Archives de la Meuse. Série B. 71.)

1723; Nicolas Joblot, en 1731; Nicolas Mordillat, en 1737; Jacob Sauvage, en 1755; Joseph Renard, en 1768; et Didier Perot, en 1780.

De ce petit établissement il ne reste aujourd'hui que le souvenir, tous ses capitaux ayant été, à l'époque de la Révolution, ou perdus ou versés dans les caisses de l'Etat, et ses immeubles ont été confisqués ou vendus au profit de la Nation; les terres de Mognéville ont été aliénées, le 26 mars 1792, moyennant la somme de dix-neuf cent soixante-cinq livres : ce qui restait encore a été aliéné en 1813.

Thevenin Merdevelle et Isabelle, sa femme, lui avaient donné, en le fondant, cent quatre-vingt-cinq verges de terre, vingt-cinq de chènevières, et quatre-vingt-cinq de prés; et plus tard ils avaient augmenté cette libéralité de vingt-six verges de terre et de cent vingt verges de prés. Quelques personnes ensuite étaient venues lui constituer d'autres ressources, savoir :

Jacques d'Amboise, seigneur de Mognéville, et Catherine de Vanneaux, sa femme, lui firent don, à la date du 12 avril 1558, d'une rente de 30 francs sur leur seigneurie;

Jean Truffart, de Robert-Espagne, lui donna, le 5 février 1645, une somme de deux cent cinquante et un francs Barrois (1);

Claude Gérard, fit un don de cent deux verges de terre, en 1649;

Jeanne Commin, femme de Claude Bourguignon, fit, dans le courant de la même année, une donation de vingt verges de terre;

Charles Godard, ermite de la chapelle Sainte-Marie-Majeure, près de Stainville, donna, le 15 octobre 1668, le revenu d'un capital de deux cents francs et le produit d'une ferme, consistant en quinze bichets de blé et autant d'avoine, desquels il s'était réservé les deux tiers pour le reste de ses jours, et soixante verges de vigne que les héritiers ont rachetées, le 10 juillet 1700, au prix de cent soixante francs Barrois;

Nicolas Joblot, dit Jolicœur, fit, le 11 avril 1712, une donation de quatre jours de terre;

Antoine Maillet, écuyer, seigneur de Villotte, donna, le 8 février 1676, cent quatre-vingts verges de terre;

Remy Mourot, constitua, le 17 février 1682, une rente de dix francs sur une de ses vignes;

Enfin, Sébastien Mourot et Isabeau Trompette, sa femme, donnèrent une vigne située sur le chemin d'Andernay, à

---

(1) Archives de la Meuse. Série B. 189.

charge de prélever sur son produit une somme de sept francs pour subvenir aux frais d'un service qui devait être célébré, le 20 janvier de chaque année, pour le repos de leur âme; d'où est venu à cet immeuble la désignation, sous laquelle il a été longtemps connu, de *vigne de la messe*.

IV.

Dépendances de Mognéville.

I. *La Maison-Blanche*, ferme bâtie à l'ouest et à 3 kilom. 500 mètres du village, est ancienne. En 1680 et 1681, elle fut visitée pour reconnaître les désastres qui y étaient survenus (1). Elle se compose d'une maison construite en pierre et bois, avec des bâtiments d'exploitation en bois. Cette ferme et la forêt qui l'avoisine faisaient autrefois partie du marquisat de Mognéville.

La Maison-Blanche donne son nom à une fontaine qui prend sa source non loin de la ferme, à la lisière du bois; ses eaux, qui sont d'une utilité indispensable pour les besoins de la ferme, coulent de l'est à l'ouest, et vont se perdre dans les terres après un court trajet.

II. *Le Maillot*, moulin établi à gauche de la Saulx depuis un temps immémorial; reconstruit à neuf en 1832, il a trois paires de meules.

III. Sur la rive droite de la Saulx, un autre *moulin*, à trois paires de meules montées à l'anglaise, a été construit vers 1843. Il est exclusivement destiné à la mouture pour le commerce.

---

(1) Archives de la Meuse. Série. B. 45.

V.

Appendice.

Titulaires connus des Offices du bailliage de Mognéville.

Baillis. — Philippe de l'Eschicault, 28 janvier 1652 (1); — Nicolas Moutardier, 1724; — Charles Langlois, 1770.

Gouverneurs. — Pageot; — Mordillat; — Nicolas Maillard et Claude Jourdhui, 1636-1665; — Jacques Michelot, 1683; — Nicolas Mordillat, dit Laroche, 1721.

Lieutenants généraux. — Nicolas Evrard, 1651-1680; — Nicolas-François de Convenance, 1711.

Lieutenants particuliers. — Jacques Bailly l'aîné, 1712; — Jacques Michelot, 1725.

Procureurs fiscaux. — Langlois, 1681; — Jean-François Porriquet, 1766; — Jean Rambonnet, 1770.

Greffiers. — Louis de Narcy, 1651; — Claude Poynot, 1681; — Remy Michelot, vers 1730; — François Michelot, 1733.

Gruyers. — Nicolas Moutardier, 1724; — Gabriel-François Claudot, 1759.

Commissaires de police. — Jacques Lamblot, 1691; — Tabary, 1715; — Jean Poynot, 1722.

Gardes forestiers (éwardeurs). — Pierre Poinot, 1704; — Coussinot, 1729; — Nicolas Arrabourg, 1749; — Claude Baillot, 1750; — Nicolas Raulin, vers 1760.

---

(1) Il fut nommé par la marquise d'Everly, dame d'Espone, etc., veuve de Henri de Mesmes, marquis de Mognéville, président au Parlement de Paris.

PIÈCES JUSTIFICATIVES.

ARREST

DE LA COUR DE PARLEMENT

Rendu en faveur des Habitans du Bourg de Mogneville en Barois, qui les décharge des droits prétendus de Maistrises de Métiers, Confiscations, Mainmorte, droit de Suites et Poursuites sur les Sujets de ladite Seigneurie, demeurans hors d'icelle, et en quels lieux ils puissent habiter, Fors Mariages, Forfuiances, Desherances et Representation, tant en ligne directe que collateralle, tant d'ascendans que descendans à successions, tant mobiliers qu'immobiliers des Sujets decedez hors le Territoire de ladite Seigneurie, et dont les corps ne sont point rapportez et inhumez en icelle; de commettre de Prud'hommes pour visiter le pain, vin, bled et chair, et autres marchandises; comme aussi le droit de Poids et Mesures.

Du sixiéme Mars 1699.

A Paris au Palais,

Chez PIERRE FILLEAU, dans la grande Salle, au second Pilier, vis-à-vis la Cour des Aydes, à la Clef de Saint Pierre.

M. D C. XCIX.

Extrait des Registres du Parlement.

LOUIS par la grâce de Dieu Roy de France et de Navarre, scavoir faisons. Que entre Messire Thomas de Choisi, Chevalier, Marquis de Mongneville, Mareschal des Camps et Armées du Roy, Gouverneur de Sarreloüis, demandeur en deux Requestes présentées au Bailly de Mongneville, par Henry du Pont, Ecuyer, sieur des Aveines, Receveur dudit Mongneville les 3. et 22. Avril 1693, et exploits faits en consequence les 4. avril et 23. juillet audit an. Et encore en autre Requeste presentée au mesme Juge par ledit sieur de Choisi le 17. Aoust 1693. d'une part. Et les Manans et Habitans de la Paroisse de Mongneville, prenant le fait et cause de Nicolas Quentin, Jacques Oudin, Claude Boursaut, Jean André, Nicolas Joblot le jeune, Claude Loppin, Jacob Mourot, Jacob Maillard, Claude Charpentier, François Trompette, Nicolas Grandcollot, Jean Charpentier, Jacques Pageot, George Charpentier, et Daniel Mordillat, particuliers habitans de Mongneville, défendeurs d'autre.

Et entre lesdits Manans et Habitans esdits noms, prenant le fait et cause desdits Quentin et consors, appellans des Ordonnances et Sentences rendües, tant par le Bailly de Bar que par celui de Mongneville les 6. avril, 23. et 30. mai, 26. et 31. aoust 1693 et défendeurs.

Et ledit Messire Thomas de Choisi, Marquis de Mongneville, intimé et demandeur en Requeste du 12. février 1697.

Et entre lesdits Manans et Habitans de Mongneville demandeurs en Requeste du 28. mars 1697, et ledit sieur de Choisi defendeur.

Et encore entre lesdits Manans et Habitans de la Paroisse de Mongneville demandeurs en Requeste du 12. juin 1698. et ledit sieur de Choisi défendeur.

Et encore entre lesdits Habitans de Mongneville, appellans en adherant à leur première appellation de la Sentence en forme de decret des Requestes du Palais du 12. Août 1689. en ce que l'on y a compris les droits en question, demandeur, et au decret volontaire fait en la Cour le 29. Novembre 1649. En ce que l'on y a aussi compris les droits dont il s'agit, suivant leur Requeste du deux aoust 1698. Et ledit sieur Marquis de Choisi intimé et défendeur.

VEU par la Cour des Requestes, la premiere du trois Avril 1693. presentée au Bailly de Mongneville par Pierre du Pont, Ecuyer, sieur des Aveines, Receveur de la terre et Seigneurie du Marquisat de Mongneville, à ce qu'il luy fut permis de faire assigner plusieurs particuliers dudit Mongneville, pour estre condamnés mesme par corps, pour leurs droits d'assises, et autres droits, qu'ils doivent à ladite seigneurie, avec dépens, dommages et interests.

L'exploit d'assignation du quatre dudit mois d'Avril, donné à la requeste dudit du Pont, devant ledit Bailly de Mongneville, aux fins de ladite Requeste.

La Requeste du 22. Juillet audit an dudit Pont et du Procureur Fiscal audit lieu, joint audit Bailly de Mongneville, à ce qui lui fut permis de faire assigner Nicolas Joblot, et plusieurs autres habitans dudit lieu de Mongneville, pour estre condamné chacun à leur egard en l'amende de cinq sols par eux encouruë, et de suite voir dire qu'ils feroient incessamment la corvée au jour qui leur seroit désigné; sçavoir, les Laboureurs avec leurs chevaux et harnois accoutùmez; les Manouvriers avec outils, sous telle peine que de droit, à quoy faire ils y seroient contraints par exploitation de leurs biens, et toutes autres voyes qu'il appartiendroit, avec dépens, dommages et interest.

L'exploit d'assignation du vingt trois dudit mois de Juillet, donné devant ledit Juge, à la requeste dudit du Pont audit Joblot et consors, aux fins de ladite requeste.

Autre requeste du vingt trois dudit mois de Juillet, du Receveur et du Procureur Fiscal de ladite Seigneurie de Mongneville au Bailly dudit lieu, aux fins de faire assigner les Laboureurs et Manouvriers y nommez, aux mesmes fins dudit droit de corvée; et l'exploit d'assignation dudit jour donné en conséquence.

La requeste du dix-sept Aoust audit an 1693. dudit sieur de Choisi; à ce qu'il luy soit donné acte de ce qu'il intervenoit en l'instance, et de ce qu'il prenoit le fait et cause de son Receveur, pour avoüer ce qu'il avoit fait, excepté les offres de donner caution, declarant en tant que besoin seroit, qu'il le désavoüoit à cet égard, et en ce faisant, il luy fut permis de faire assigner lesdits Habitans, pour avoir acte de son intervention de ladite prise de fait et cause, et du désaveu de ce qu'il employoit ladite requeste pour moyen d'intervention, et en consequence il fut dit que les conclusions prises en l'instance par sondit Receveur seroient adjugées à luy sieur de Choisi, avec dépens, dommages et interests.

La sentence du Bailly de Mongneville du six Avril 1693. renduë entre ledit du Pont Receveur de la Terre et Seigneurie dudit Mongneville, contre ledit Quentin manouvrier audit lieu défendeur, par laquelle par défaut auroit été ordonné que ledit Quentin seroit contraint, mesme par corps, nonobstant appel ni oppositions quelconques et sans y préjudicier, payer les assises, droits Seigneuriaux, dont il étoit en retard à la Seigneurie de Mongneville, avec dépens, en défaut de donner des meubles en suffisance; au dos de laquelle est l'opposition qui a esté formée par ledit Quentin les seize et dix-sept dudit mois d'Avril, les moyens dudit Quentin fournis le vingt dudit mois d'Avril devant ledit Juge.

La requeste du vingt-trois May 1693. presentée au Bailly de Bar par les Habitans et Communauté dudit Mongneville, à ce qu'il lui plût nommer tel Juge voisin dudit Mongneville qu'il luy plairoit pour présider à leur assemblée pour recevoir les deliberations desdits Habitans, et les faire rediger par écrit par tel Greffier qu'il plairoit audit Juge commettre, si mieux n'aimoit ledit Juge de Bar si transporter avec son Greffier, ou nommer tel Conseiller Assesseur du Bailliage de Bar qu'il lui plairoit, aux offres de fournir aux frais; au bas de laquelle est l'Ordonnance dudit Bailly de Bar, qui auroit permis de faire assigner devant lui le Seigneur de Mongneville en parlant à son Procureur Fiscal audit lieu, pour prendre communication de ladite requeste, pour répondre et dire ce qui estoit à faire par raison pour luy et le Procureur du Roy et ses conclusions estre fait droit.

La sentence dudit Bailly de Bar du trente dudit mois de May, rendue entre les Habitans et Communauté dudit Mongneville, demandeurs; contre le Seigneur dudit Mongneville, par laquelle après que le Procureur Fiscal de ladite Seigneurie dudit Mongneville auroit requis delay pour avertir ledit Seigneur de Mongneville, qui estoit en son Gouvernement de Sarreloüis pour le service de sa Majesté, qu'au surplus si lesdits Habitans avoient plainte à former contre les Officiers dudit Mongneville, ils y répondroient estant mis en cause, auroit esté donné acte de remontrance, et ordonné que la plainte desdits Habitans si aucune ils avoient à faire contre lesdits Officiers, seroit formée et signifiée, et que dans le mois ledit Procureur Fiscal de Mongneville donneroit avis audit Seigneur de Mongneville de ladite assignation, pour y défendre par luy à toute fins, ainsi qu'il appartiendroit.

La sentence du vingt-six Aoust 1693. rendue par le Bailly dudit Mongneville, entre ledit du Pont Receveur dudit Mongneville demandeur, contre Nicolas Quentin, Nicolas Joblot le jeune, Claude Loppin, Jacob Mourot, Jacob Maillart, Jacques Pageot dit Froussart, et autres manouvriers audit Mongneville, défendeurs.

Ledit sieur de Choisi Seigneur dudit Mongneville intervenant et prenant le fait et cause dudit du Pont son Receveur, par laquelle en declarant lesdits Habitans forclos de produire, ils auroient esté condamnez payer chacun à leur égard audit sieur de Choisi, entre les mains dudit du Pont son Receveur, les droits d'assises en argent, froment et avoine; comme aussi de s'acquitter des corvées, bannalité du four, pressoirs et moulins, et autres droits Seigneuriaux, dont ils estoient tenus et obligez en conséquence des rolles, procès verbaux, adjudications et arrests énoncés en ladite Sentence, à quoy faire ils y seroient contraints par les voyes de droit, le tout par provision, sans préjudice à l'appel par eux interjetté, et en baillant par ledit sieur de Choisi caution, laquelle seroit receuë devant ledit Juge, sans préjudice du droit des Parties au principal, pour lequel elles se pourvoiroient ainsi que bon leur sembleroit, dommages, interests et dépens reservez.

La sentence dudit Bailly de Mongneville dudit jour trente-un Aoust 1693, entre Jean Tabary l'ainé et consors, Fermiers du Four banal de Mongneville, demandeurs en poursuites contre Henry Perrot masson, demeurant audit Mongneville défendeur; par laquelle partie oüie ledit Perrot auroit esté condamné par provision de porter ses pastes cuire au grand Four banal dudit Mongneville, et pour ne l'avoir fait, aux dommages et interests des dits Tabary et consors, et à leur caution pour lesquels liquider les Parties conviendroient d'Experts, seroit l'instance communiquée au Procureur Fiscal pour conclure à telle amende qu'il trouveroit bon, pour à quoi satisfaire les dits Tabary et consors auroient nommé de leur part la personne d'Antoine Trompette Boulanger, demeurant audit lieu; et aprés que ledit Perrot n'avoit voulu nommer d'Expert de sa part, auroit esté nommé d'office Louis Pasquet, aussi Boulanger audit lieu, le tout sans préjudice des droits des Parties au principal, pour lequel elles se pourvoiroient comme elles trouveroient.

Et sur la Requeste judiciaire dudit Procureur Fiscal audit Bailliage pour ledit sieur de Choisi; que plusieurs particuliers dudit lieu avoient des fours chez eux, excédant la mesure qu'ils doivent avoir, dans lesquels ils cuisoient leurs pastes au préjudice de la Banalité, du Four banal dudit lieu de Mongneville, auroient esté ordonné faisant droit sur ladite plainte qu'ils seroient reconnus, et ceux qui se trouveroient excédans la mesure abbatus, le tout par provision, sans préjudice de l'appel, à la caution desdits Tabary, à l'effet de quoy Pierre Truchot et Claude Lallemand massons, demeurant à Tremont, auroient esté nommés, et seroient conduits par les sergens dudit lieu, et en cas de rebellion, auroit esté permis de prendre main forte.

La requeste du douze Février 1697. dudit sieur de Choisi,

à ce qu'en prononçant sur les appellations lesdites appellations fussent mises au néant, ordonner que ce dont est appel sortiroit effet, avec amende et dépens.

La requeste du vingt-six signifiée le vingt-huit Mars 1697. desdits Manans et Habitans de Mongneville, à ce qu'ils fussent receus appellans, comme prenant le fait et cause dudit Nicolas Quentin, appellant de la Sentence contre luy renduë par le Juge de Mongneville le six Avril 1693. ordonner que sur toutes leurs appellations les Parties procederoient en la maniere accoûtumée; cependant que défenses fussent faites de mettre ladite Sentence à exécution, et avant faire droit sur lesdites appellations, il fut ordonné que dans tel temps qu'il plairoit à la Cour, ledit sieur de Choisi seroit tenu en conformité de l'Arrest du Conseil du cinq Janvier 1680. de justifier en vertu desquels il pretendoit percevoir les droits par luy pretendus contre lesdits Habitans, cependant que défenses luy fussent faites de faire aucune poursuite pour la perception desdits droits, ni de percevoir iceux jusqu'à ce qu'autrement par la Cour en ait esté ordonné, comme aussi qu'il fut pareillement ordonné que pardevant tel Juge qu'il plairoit à la Cour commettre, il seroit informé des exactions, violences et voyes de faits commises par ledit sieur de Choisi contre lesdits Habitans, tant pour la perception des droits par luy pretendus que pour obtenir des désistemens de leurs poursuites contre luy et des reconnoissances des droits par luy pretendus pour l'information faite et rapportée, communiquée au Procureur general du Roy estre ordonné ce que de raison, et condamner les contestans aux dépens.

Requeste du vingt-deux Avril 1697. dudit sieur de Choisi, employée pour réponses à la précédente.

Arrest du 29. Mars 1697. par lequel sur les appellations les Parties auroient esté appointées au Conseil, et du consentement des Parties leurs demandes principales auroient esté évoquées, et du mesme consentement sur lesdites demandes, les Parties auroient esté appointées en droit et joint; et sur la requeste du 28. Mars les Parties auroient esté appointées à mettre ès mains de M. Jean Bochard Conseiller, laquelle instance d'appointé à mettre les Parties feroient diligence de mettre en estat de juger dans le lendemain de Quasimodo.

Autre arrest du 7. Juin audit an, rendu sur ladite instance, appointé à mettre, par lequel lesdits Habitans auroient esté receus appellans, ordonne que sur leurs appellations les Parties procederoient en la manière accoûtumée, lesquelles appellations et contestations ledit de Choisi seroit tenu de mettre en estat de juger dans six mois du jour de la signification dudit Arrest, mesme de faire juger six autres mois après, et ayant aucunement égard à ses requetes, acte luy auroit esté donné de sa déclaration, qu'il ne persistoit plus en la condamnation par corps prononcée par la Sentence du 6. Avril 1693. et en consequence défenses auroient esté faites d'exécuter ladite Sentence, en ce qui concernoit ladite condamnation par corps, cependant par provision sans préjudice des droits des Parties au principal, auroit esté ordonné que ledit sieur de Choisi joüiroit desdits droits Seigneuriaux, compris et mentionnez dans l'adjudication en forme de bail faits audits Habitans de Mongneville le sept Novembre 1641.

Arrest du huit Aoust 1648. adjudication par décret de la Cour du 29. Mai 1649. et Sentence d'adjudication des Requestes du Palais du douze Aoust 1689. à sa caution juratoire, et le surplus desdites requestes des Habitans joint aux appellations, pour en jugeant, y estre fait droit, et lesdits Habitans condamnez aux depens.

Austre Arrest du dix-huit Decembre 1698. par lequel auroit esté ordonné que les qualitez de l'Arrest de reglement du 29. Mars 1697. seroit reformé, ce faisant qu'au lieu du 22. Avril 1693. il y seroit employé 22. Juillet de la mesme année et passé outre au jugement de l'instance.

Causes d'appel servans d'avestissemens du 13. Aoust 1697. desdits Habitans de Mongneville, contenant leurs conclusions, à ce que les appellations et ce dont a esté appellé fussent mises au neant, émendant lesdits Habitans et ledit Quentin fussent déchargez des condamnations portées par lesdites Sentences, et ledit sieur de Choisi debouté de ses demandes et condamné en tous les dépens, tant des causes principales que d'appel, et que les conclusions par eux prises par le Chef de leur requeste du 28. Mars 1697, jointes auxdites appellations leurs fussent adjugez.

Production des parties, responces à causes d'appel, servans de contredits dudit sieur de Choisy du 20. Février 1698.

Contredits desdits Habitants, du 9. dudit mois de Juin, salvations et responces à causes d'appel des mesmes Habitans du 2. dudit mois de Juin, responses ausdites salvations servans aussi de salvations dudit sieur de Choisy du 5. Juillet audit an, responces ausdittes salvations desdits Habitants du 31. dudit mois de Juillet, la requeste du 12. dudit mois de Juin 1698. desdits Manans et Habitans de Mongneville, à ce que prononçeant sur leurs appellations mettant icelles et ce dont a esté appelé au neant, les renvoyant des demandes dudit sieur de Choisi, il fut condamné rendre et restituer ce qu'il peut avoir receu desdits Habitans pour les assises et autres droits insolites et indus par luy levé de force et de violence, depuis qu'il estoit en possession de la terre de Mongneville ; comme aussi qu'il fut condamné au rétablissement des fours qu'il avoit fait démolir, et en tout leurs dommages et interests et dépens.

Et acte de ce que pour écritures et production, ils employent le contenu en leur requeste, au bas de laquelle est l'Ordonnance de ladite Cour, par laquelle les Parties auroient esté appointées en droit joint et acte de l'employ.

Requeste du huit Aoust audit an, dudit sieur de Choisi, employée pour satisfaire à ladite Ordonnance.

L'adjudication par decret fait au Greffe de la Cour le 29. Mai 1649. à la requeste de M. Toussaint Salmon, Conseiller et Secretaire du Roy, en qualité de creancier de Messire Henry de Mesmes, Seigneur de Roissi, Marquis de Mongneville, conseiller du Roy en ses Conseils, President en la Cour, sur le sieur President de Mesmes, és qualitez qu'il procede du Chasteau, Terre et Seigneurie dudit Mongneville, appartenances et dépendances, consistante en maisons fortes, environnées de fortes murailles de pierres de tailles, de fossez, avec les fortifications et basse-cour, maison, salle, chambre, antichambre, cuisines, granges, étables, celiers, et autres bastimens, court, parterre, tant potager, fruitiers, qu'autrement, jardins, accins et avenuës, droit de justice, moyenne et basse, establissement d'Officiers, tant de Justice que de police, Maistrises de mestiers, droit de vin, poids, mesures, foire, marchez, hallage, brochage, et jaugeage de vin, confiscation, mainmorte, droit despaves, droit de terrages sur les terres, vignes, heritages appartenans aux forains et non sujets à ladite Seigneurie, droit de suitte et de poursuitte sur les sujets de ladite Seigneurie demeurans hors d'icelle, et en quels lieux ils puissent habiter, fors Mariages, desherances et representations, tant en ligne directe que collateralle, tant d'ascendans que descendans à successions, tant mobiliers qu'immobiliers des sujets decedez hors le territoire de ladite Seigneurie, et dont les corps n'estoient transportez ny inhumés en icelle, droit de chasse, amende, droit de guet et garde, corvées, droit de pains blans et galichons, droit de mairie et grurie, rivieres, osiers plantez le long et au bord d'icelle, estang, dixmes de bled, grains, chanvre, laines, agneaux et autres, tant gros que menue novalle, et autres droits dûs à cause de ladite Terre, droit d'étaux et merceries, estang, carpieres, peche, de Greffe, de Sergenterie, de varderies, de la chienneries, tuileries, droit de patronnages, moulins, fours, pressoirs bannaux, boulangeries, foulons à draps, bois, glandes, iceux prez, vignes, terres labourables gagniages de la Maison blanche, bastimens, court accins, jardins et autres gagniages dependans de ladite Seigneurie, cens, rentes, coûtumes, menus cens, poulles, coulombiers, mesniers, gagniages, droits seigneuriaux, chasteau, maisons, bastimens, et lieux sans aucune chose reserver de ladite terre, et circonstances et dépendances, ainsi que tant ledit sieur President de Mesmes que ces autres predecesseurs en auroient joüy, et autres biens y mentionnez adjugez audit sieur President de Mesmes, pour et moyennant la somme de sept vingt mil livres.

La sentence d'adjudication par décret du 12. Aoust 1689. rendüe aux Requestes du Palais sur la poursuitte de Messire Claude de Mousteau Seigneur de Traversonne sur ledit sieur de Choisy du Chasteau, Marquisat, terre et Seigneurie dudit Mongneville, scitué près Barleduc, concistant en la maison forte, environnée de fortes murailles de pierres de tailles, des fossez avec des fortifications et basse-court, maisons, salles, chambres, cuisines, coulombiers, estables, celiers, et autres bastimens, parterres, tant potagers, fruitiers, jardins, accins et avenuës, droit de Justice, haute, moyenne et basse, seul Seigneur de Paroisse, droit de patronnage, tant de la Cure d'icelle que des deux Chapelles de saint Nicaise et de saint Jean, establissement d'Officier ; tant de Justice que de police, maistrises de mestiers, droit de vin, poids et mesure, foires et marchez, hallages, brochages et jaugeages de vin, confiscation, main-morte, droit depaves, droit de terrages sur les terres, vignes et heritages appartenant aux forains et non sujets de ladite Seigneurie, demeurant hors d'icelle, et en quel lieu qu'ils puissent habiter, fors Mariage, desherance et représentation, tant en ligne directe que collaterale, tant d'ascendans que descendans, ny successions tant mobiliers qu'immobiliers des sujets decedez hors le territoire de la Seigneurie, et dont les corps ne sont rapportez ny inhumez en icelle, droit de chasse, amende, droit de guet et garde, corvées, droit de pains blans et galichons, droit de mairies et de gruerie, riviere, oziers plantez le long et au bord d'icelle, estang, dixmes de bleds, grains, chanvre, laine et agneaux, et autres, tant grosses que novalles, et autres deus à cause de ladite terre, droits d'étaux de merceries, étang, carpieres, peche et greffe, de sergenterie, d'évarderie, de la chiennerie, tuillerie, droit de patronnage, moulins, fours, pressoirs basnaux, boulangeries, foulons à draps, bois, glandée d'iceux, prairies, vignes, terres labourables, gagnage de la Maison blanche, bastimens, cours, accins, jardins et autres gagnages dependans de ladite Seigneurie, cens, rentes, coûtumes, avenuës, vins, poules, coulombiers, metairies, gagniages, droit de fiefs, arrierefiefs, lots et ventes, et droits Seigneuriaux, chasteau, maisons, bastimens et lieux, ledit Chasteau, bassecourt, parc et jardins en dependans en leur totalité, et autres biens y'mentionnez, adjugez audit sieur de Choisy moyennant deux cens dix mil livres.

Requeste du deux Aoust 1698. desdits habitans de Mongneville, en ce qu'en tant besoin seroit ils fussent receus appellans en adherant à leur premiere appellation de la Sentence en forme de decret des Requestes de Palais du douze Aoust 1689. en ce que l'on y a compris les droits dont il est question, comme aussi qu'ils fussent reçûs opposans au decret volontaire fait en la Cour le 29. Novembre 1649. en ce que l'on y a aussi compris lesdits droits, leur donner acte de ce que pour cause d'appel et d'opposition ils employoient le contenu en leur requeste, en y faisant droit l'appellation et ce fut mis au neant, en ce que l'on a compris dans le décret de 1689. les droits en question qu'ils fussent receus opposans à l'Arrest de 1649. en ce que l'on y a compris les mesmes droits, et que ledit sieur de Choisy fut débouté de sa demande afin de payement desdits droits, et condamné aux dépens, au bas de laquelle est l'Ordonnance de la Cour, par laquelle sur l'appel les parties auroient esté appointées au Conseil, et sur l'opposition en droit et joint.

Requeste du 8. dudit mois d'Aoust dudit sieur de Choisy employée pour responses à causes d'appel, et deffenses sur ladite opposition, sommation de satisfaire à ladite Ordonnance par ledit de Choisy.

Deux productions nouvelles dudit sieur de Choisy par requestes des cinq et dix-neuf juillet 1698. contredits contre icelles lesdits habitans de Mongneville du 12. Janvier 1699.

Productions nouvelles desdits habitans de Mongneville par requeste du 2. dudit mois de Janvier, contredits contre icelles dudit sieur de Choisy du 19 dudit mois, autre production nouvelle, desdits habitans par requeste du 12. Fevrier en suivant.

Requeste du 17. dudit mois dudit sieur de Choisy employée pour contredits et addition de contredits contre icelles, salvations desdits habitans du mesme jour 17. Février, trois autres productions nouvelles dudit sieur de Choisy par requestes des vingt, vingt-un et vingt-cinq dudit mois de Février, contredits contre icelles desdits habitans des vingt-un et vingt-cinq dudit mois de Fevrier, production nouvelle dudit sieur de Choisy par requeste du cinq Mars audit an, contredits contre icelle du six dudit mois desdits habitans de Mongneville, conclusions du Procureur general du Roy, tout joint et considéré.

LA COUR faisant droit sur le tout en tant que touche les appellations desdits habitans de Mongneville, des Ordonnances et Sentences, tant du Bailly de Bar, que du Bailly de Mongneville, des six Avril, vingt-trois et trente May et vingt-six Aoust 1693. a mis et met les appellations et ce dont a esté appellé au néant, emendant en consequence de la déclaration dudit de Choisi portée par sa requeste du vingt-sept Avril 1697. a déchargé ledit Quentin de la condamnation par corps contre luy prononcée par ladite Sentence du six Avril; et sur les demandes principales, tant dudit du Pont Receveur dudit de Choisi, que dudit de Choisi évoquées; condamne lesdits Habitans de Mongneville à payer audit de Choisi les droits d'Assises et de Prestations personnelles, sçavoir, chacun Laboureur ayant chevaux, pour chacun cheval qu'il fera tirer, quatre bichets de bled, et quatre minotes d'avoines mesures d'Assises; et lorsque ledit Laboureur se trouvera avoir plus de deux chevaux, il y aura un franc; Pour chaque bœuf ou vache qu'ils feront tirer, trois bichets de bled, et trois minotes avoines mesme mesure, le tout payable par chacun an au jour saint Remy; Pour chaque cheval neuf blans par an au jour de Quasimodo; et lorsque lesdits Laboureurs se trouveront avoir plus de deux chevaux; ils en auront un franc; Pour chaque bœuf ou vache tirante, six blans par chacun an au jour saint Remy; Chacun Manouvrier de son chef au jour de saint Remy, par chacun an, pour sondit droit d'Assises, trois bichets de bled, et trois minotes avoines, mesure d'Assises, et six blans d'argent au jour de Quasimodo; Chaque Laboureur et autres hommes de ladite Seigneurie au jour saint Pierre saint Paul du mois de Juin de chacune année, six blans deux deniers; et pareille somme de six blans deux deniers au jour saint Pierre du mois d'Aoust.

Toutes les femmes mariées par chacun an, deux poulles, l'une au jour de Pasques et l'autre au jour de saint Remy; chaque femme veuve de son chef treize deniers par chacun an au premier jour d'Aoust; et pareille somme de treize deniers et une poulle au jour de saint Remy; et si lesdites femmes veuves ont des chevaux et bestes tirantes, elles payeront à proportion que les autres Habitans.

Chacun Habitant au jour de Quasimodo de chacune année, pour une vache à lait, six deniers; et pour les vaches oysives, moutons, brebis, porcs, et autres bestes un denier.

Les Valets ne payeront rien de leur chef, et lors qu'ils auront chevaux tirans et autres bestes, pour ledit droit d'Assises pareilles sommes que les Laboureurs sans aucune beste franche; et lors qu'ils se marieront ils seront franc pour la première année, le tout à peine de cinq sols d'amende, et de confiscation au profit dudit de Choisi du cheval, bœufs et autres bestes recellées par lesdits Habitans, suivant et conformement à l'adjudication à ferme qui leur a esté faite desdits droits d'Assises, le 7. novembre 1641.

Condamne lesdits Laboureurs et Manouvriers habitans dudit lieu de Mongneville, faire les corvées des charrues et à bras ordinaires et accoutumées; et à l'égard de la demande dudit de Choisy, pour raison du droit de chiennerie, par luy pretendu sur lesdits habitans, demeurans audit Mongneville, rue d'Outresaux, ordonne qu'il se pourvoira, si bon luy semble, pardevant le Bailly audit lieu contre les detempteurs des maisons suiettes audit droit; a maintenu et gardé ledit de Choisy aux droits de bannalité de ses Moulins, Fours, Pressoirs, et petits fours à cuir pains blans, gallichons et patisseries, lesquels l'on voudra vendre, et en consequence sur l'appel desdist Habitans de Mongneville de ladite Sentence du 31. Aoust 1693, ladite appellation au neant, ordonne que ce dont est appel sortira effet, les condamne en l'amende de douze livres;

Ordonne que les mesmes Habitans ne pourront vendre vins étrangers, faire mettre en cave, ny exposer en vente aucuns vins de France qu'ils n'ayent payé audit de Choisy, ou à son Receveur ou Fermier, les droits accoutumez; comme aussi seront tenus luy payer ce qui luy est deub pour les droits de Perçage, Abrochage, droit de Jaujage, d'étalage d'étaux, Hallage et Minage; Appareillement maintenu ledit de Choisi au droit de Jeu de quilles, droit de Cens, menus cens, Lots et Ventes sur les maisons, héritages et biens qui y sont sujets; mesmes aux droits de Dixmes sur les terres qui y sont pareillement sujettes, sans préjudice des droits des Curez de ladite Paroisse, ou des autres Ecclesiastiques qui y peuvent pretendre droit.

Et sur la demande desdits Habitans de Mongneville portée par leur requeste du 2. Aoust 1698 les a receus opposans à l'Arrest d'adjudication par décret du 29. Novembre 1649. En ce que dans iceluy l'on a compris les droits prétendus de Maistrises des métiers, Confiscations, Main-morte, droit de Suites et Poursuites sur les Sujets de ladite Seigneurie, demeurans hors d'icelle, et en quels lieux ils puissent habiter; Fors Mariages, Forfuiances, Desherances et Représentation, tant en ligne directe que collatéralle, tant d'ascendans que descendans à successions, tant mobiliers qu'immobiliers des Sujets decedez hors le territoire de ladite Seigneurie, et dont les corps ne sont point rapportez et inhumez en icelle;

De commettre de Prud'hommes pour visiter le pain, vin, bled, chair, et autres marchandises; comme aussi le droit de Poids et Mesures.

Faisant droit sur ladite opposition et sur l'appel de ladite Sentence d'adjudication des Requestes du Palais du 12. Aoust 1689. ladite appellation et ce dont a esté appellé au néant; en ce que dans icelle lesdits droits y ont esté compris, émendant quant à ce débouté ledit de Choisi de ses demandes pour raisons des mesmes droits, sans préjudice au Bailly dudit de Choisi audit lieu de Mongneville, de faire la Police en la manière ordinaire; ladite Sentence d'adjudication au résidu sortissant effet; et sur le surplus des demandes, fins et conclusions desdits habitans, les a mis hors de Cour; les condamne au tiers des dépens envers ledit de Choisi, les deux autres tiers compensez.

Si mandons au premier Huissier ou Sergent sur ce requis, de mestre le present Arrest à deuë et entière execution selon sa forme et teneur, de ce faire te donnons pouvoir.

Donné à Paris le sixième jour de Mars, mil six cens quatre-vingt-dix-neuf; et de nostre Regne le cinquante sixième.

Collationné.

Signé par la Chambre, LE MERCIER, avec paraphe.

Cette pièce porte la mention écrite

ASSISES DE MONGNEVILLE.

« Cette chemise renferme un arrêt rendu le 6 Mars 1699.
« au Parlement de Paris concernant tous les droits appartenans
« au lieu de Mongneville, à M. le Marquis de Choisy Seigneur
« dudit lieu, où les droits d'Assises qu'on nomme Redevances
« sont bien détaillés. »

(Archives de la Meuse. In-4º de 11 pages. Nº 30 de la layette D, page 108 du Cartulaire).

Opuscules publiés par le même :

Almanach du Commerce et de l'Industrie. **Annuaire** administratif, commercial et historique de la Ville de Bar-le-Duc et **du Département de la Meuse**, (1861-1883); 24 volumes in-12 jésus.

Abrégé de l'histoire de Lorraine, in-12, 54 pages. (*Annuaire de la Meuse* pour 1877.)

Notions élémentaires de la Géographie de la Meuse, 1 vol in-18 de 258 pages. (*Moniteur de l'Inst. primaire*, 1876-1877.)

Étude sur les Seigneurs de Ligny de la Maison de Luxembourg, la ville et le comté de Ligny, in-8°, 84 pages. (*Mémoires de la Société des Lettres....., de Bar-le-Duc*, 1879, t. IX.)

Les Comtes de Chiny et la ville de Montmédy, in-8°, 52 pages. (*Mémoires*, 1877, t. VII.)

Notes sur Ligny-en-Barrois, pour faire suite à l'« Etude sur les Comtes de Ligny de la Maison de Luxembourg, la Ville et le Comté de Ligny, » in-8°, 80 pages. (*Idem*, 1880, t. X.)

Notice sur Gondrecourt-le-Château, in-8°, 36 pages. (*Moniteur.*)
— Ancerville, in-8°, 16 pages. (*Mémoires*, 1873, t. III.)
— Beaulieu-en-Argonne, in-8°, 35 pages. (*Annuaire*, 1870.)
— Bonnet, in-8°, 48 pages.
— Brieulles-sur-Meuse, in-8°. (*Journal de Montmédy*, 1882.)
— Châtillon-sous-les-Côtes et l'emplacement du *Castrum Vabrense*, in-8° de 10 pages. (*Mémoires*, 1872, t. II.)
— Clermont-en-Argonne, in-8°, 27 pages. (*Moniteur.* 1878.)
— Damvillers, in-8°, 19 pages. (*Mémoires*, 1872, t. II.)
— Deuxnouds-devant-Beauzée, in-8°, 7 pages. (*Journal de la Société d'Archéologie lorraine.*)
— Dun-sur-Meuse, in-8°, 35 pages. (*Mém. de la Soc. d'Arch. lorr.*).
— Euville et ses Seigneurs, in-8°, 32 pages. (*Mémoires*, 1874, t. IV).
— Étain, in-8°, 36 pages. (*Mém. de la Soc. d'Arch. lorr.*, 1878.)
— Fains, in-8°, 35 pages. (*Moniteur de l'Inst. prim.*, 1879.)
— Lachaussée, in-8°, 27 pages. (*Mémoires*, 1880, t. X.)
— Longeville-devant-Bar, in-8°, 27 pages. (*Moniteur*, 1881.)
— Marville, in-8°, 60 pages. (*Journal de Montmédy*, 1880.)
— Mognéville, in-8°, 40 pages.
— Montiers-sur-Saulx, in-8°, 48 pages. (*Société d'Arch. lor.* 1880.)
— Morley, in-8°, 38 pages. (*Moniteur de l'Inst. prim.*, 1880.)
— Revigny, 1883, in-8°, 48 pages.
— Stenay, in-8°, 54 pages. (*Soc. des Lettres de Bar*, 1875, t. V.)
— Sampigny, in-8°, 48 pages. (*Mémoires*, 2e série, t. II, 1883.)
— Souilly, in-8°, 36 pages. (*Annuaire de la Meuse*, 1882.)
— Spincourt, in-8°, 8 pages. (*Moniteur*, décembre 1884.)
— Vaucouleurs, in-8°, 72 pages. (*Mémoires*, 1878, t. VIII.)

Petite étude sur Avioth et son Église, in-8° de 16 pages, avec une planche. (*Annuaire*, 1883.)

Pierrefitte et les Seigneurs de la Maison du Châtelet, in-8° de 26 pages. (*Mémoires*, 1882, 2e série, t. I.)

Souvenirs de vacances : Brillon, in-8°, 7 pages. (*Mon. de l'Inst. pr.*).

Le maréchal Exelmans, étude biographique, in-8°, 15 pages. (*Annuaire*, 1867.)

Notices publiées par l'*Écho de l'Est*, le *Journal de Montmédy* et le *Courrier de Verdun* :

1. Andernay ; — 2. Apremont; — 3. Arrancy ; — 4. Auzécourt; — 5. Baâlon; — 6. Belrain; — 7. Billy-sous-les-Côtes ; — 8. Billy-sous-Mangiennes ; — 9. Brixey-aux-Chanoines ; — 10. Brouennes ; — 11. Burey-la-Côte ; — 12. Bussy-la-Côte ; — 13. Charny ; — 14. Chauvency-Saint-Hubert ; — 15. Chonville ; — 16. Beauclair ; — 17. Doulcon ; — 18. Duzey.

BAR-LE-DUC, IMPRIMERIE CONTANT-LAGUERRE.

www.ingramcontent.com/pod-product-compliance
Lightning Source LLC
Chambersburg PA
CBHW060939050426
42453CB00009B/1082